In aller Kürze

Die auf Flanagan (1906 - 1996) zurückgehende Critical Incident Technique (CIT) ist ein vornehmlich in der qualitativen Sozialforschung genutztes Interview-Instrument, mittels dessen situative Bedingungen kritischer Vorkommnisse/Ereignisse (CI) sowie das Handeln der darin involvierten Personen aufgedeckt werden können. Durch die Fokussierung kritischer Ereignisse lassen sich detaillierte Informationen über komplexe Situationen, Prozesse und organisationale Settings zutage fördern, in denen das Bewältigungshandeln der Beteiligten von besonderem Interesse ist. Die CIT eignet sich, um Handlungsversäumnisse, aber auch herausragende Kompetenz, zu identifizieren. Insbesondere für High Reliability Organizations (HRO) wie Intensivstationen in Krankenhäusern, Kernkraftwerke, Tower von Flughäfen und Flugzeugträger, wo kleine Fehler katastrophale Folgen nach sich ziehen können, kann die Nutzung der CIT ein probates Mittel sein. In der Jugendhilfe, im Strafvollzug und bei der Polizei kann die CIT ebenfalls zur Anwendung kommen. Sie ermöglicht, besondere Vorfälle systematisch auszuwerten, Gefahren zu antizipieren und Fehler so zukünftig zu vermeiden/zu verringern. Zu kritisieren ist indes die mangelnde Objektivität der Methode. In der CIT wird allein auf subjektive Darlegungen selektiv beobachtender und sich erinnernder Personen vertraut. Daher kann die alleinige Nutzung dieser Technik zur Datenerhebung/-analyse unzureichend sein. Im Rahmen eines triangulativen Methodenmixes hingegen ist die CIT-Anwendung potenziell erkenntnisreich.

Anmerkung zum Text

Diese 2. Auflage ist gegenüber der 1. Auflage geringfügig verändert. Ergänzt wurden eine Grafik und ein Textabsatz. Auch wurden 4 Quellenangaben im Literaturverzeichnis ergänzt und es wurde das Datum des Erscheinens von 2 Texten korrigiert. Da für die E-Book-Veröffentlichung dieser 2. Auflage das Format geändert wurde, sind die Seitenzahlen gegenüber der 1. Auflage verändert. Im Inhaltsverzeichnis wurde das entsprechend angepasst.

Inhalt

Wenn Soldaten von einer Mission zurückkehren, erfolgt zumeist eine Reflexion der Mission dergestalt, dass die Soldaten einen Soll-Ist-Vergleich vornehmen.[1] Sie analysieren, was im Rahmen der Mission geschah, was hätte geschehen sollen, welche besonderen Situationen sie zu meistern hatten, was konkret die Gründe für den Erfolg oder Misserfolg der Mission waren und was in zukünftig ähnlich gelagerten Missionen optimiert werden muss. Diese nachgelagerten Einsatzreflexionen werden After Action Reviews (AAR) genannt. Die US-Armee (2013, S. 3) beschreibt ihren Zweck so: „AARs are a professional discussion of a training event that enables Soldiers/units to discover for themselves what happened and develop a strategy for improving performance. They provid candid insights into strengths and weaknesses from various perspectives [...] Because Soldiers and leaders participating in an AAR actively self-discover what happened and why, they learn and remember more than they would from a critique alone. [...] AARs foster an environment of trust, collaboration, initiative, and cohesion necessary among Soldiers and leaders in decentralized operations."

AARs waren ursprünglich nur im Militär verbreitet, findet seit Jahrzehnten aber auch Anwendung bei der Polizei, im technischen Sektor wie auch in Einrichtungen des Gesundheits- und Sozialwesens. Allen voran in *High Reliability Organizations* (HROs) sind sie ein viel genutztes Instrument, um Fehlentwicklungen zu erkennen, zu antizipieren und durch vorausschauendes Handeln möglichst zu verhindern.[2] Kurzum sind AARs ein Instrument, das

---

[1] Aus Gründen der besseren Lesbarkeit wird im Text nur das generische Maskulinum verwendet. Sofern nicht explizit anders hervorgehoben, sind dabei stets Menschen jedweden Geschlechts gemeint.

[2] Typische HROs sind Kernkraftwerke, Intensivstationen in Krankenhäusern, Feuerwehr-Wachen, Tower der Flugüberwachung, Flugzeugträger oder auch in Jugendämter, da in ihnen auch kleine Fehler bzw. unbemerkte Vorkommnisse gravierende Auswirkungen zeigen können. HRO zeichnen sich dadurch aus, dass sie eine Kultur der Achtsamkeit pflegen und „mit redundanten Entscheidungsstrukturen als auch redundanter technischer Ausrüstung ausgestattet sind" (Senge & Dombrowski 2015,

mit dafür Sorge trägen kann, Unerwartetes gekonnt zu managen. Eine Methode, die in After-Action Reviews zur Anwendung kommen kann, ist die *Critical Incident Technique* (CIT). Es handelt sich dabei um eine Befragungsmethode, die vornehmlich in der qualitativen Sozialforschung angewandt wird, deren Anwendung aber auch fernab des Wissenschaftsbereiches einen Informationsgewinn bieten kann. Während in AARs der Blick auf eine gesamte Mission gerichtet ist, ist er im Rahmen der CIT fokussierter. Der Blick wird hier verengt auf ganz spezielle Vorkommnisse.

Die CIT ist eine Methodik, mittels derer situative Bedingungen kritischer Ereignisse - sowie das Verhalten der dabei agierenden Personen - aufgedeckt werden können. Wie Reuschenbach (2008, S. 144) schreibt, steht im Fokus des Interesses zumeist die Identifikation effektiven oder ineffektiven Bewältigungsverhaltens in kritischen Situationen. Es geht um die Herausarbeitung von Kompetenzanforderungen, die sich als zweckmäßig oder wenig zweckmäßig für die erfolgreiche Bearbeitung kritischer Ereignisse (CI) erwiesen haben. „Da es sich um herausfordernde Situationen handelt und die Verhaltensweisen der dabei agierenden Personen als herausragend wahrgenommen werden, ist die Methode [...] geeignet, die Kennzeichen der Expertise in einem bestimmten Handlungsfeld zu verdeutlichen" (ebd., S. 144-145). Die CIT geht auf den Psychologen John C. Flanagan (1906 - 1996) zurück, der während des zweiten Weltkrieges das »Aviation Psychology Program« des US Army Air Corps leitete. Basierend auf Interviewbefragungen, Beobachtungen, Protokollen und Zeugenaussagen analysierte Flanagan tatsächliche

---

S. 91). Weick & Sutcliffe (2015) identifizieren in *Managing the Unexpected* fünf Faktoren, die kennzeichnend für diese Kultur der Achtsamkeit sind: 1. Preoccupation with failure, 2. Reluctance to simplify, 3. Sensitivity to operations, 4. Commitment to resilience sowie 5. Deference to expertise. Wenn hier von Achtsamkeit die Rede ist, ist also nicht die sich an buddhistischer Tradition anlehnende Introspektion im Sinne dessen gemeint, „im gegenwärtigen Augenblick und ohne zu beurteilen" zu sein, wie sie Kabat-Zinn (2007, S. 18) beschreibt (für einen Vergleich westlicher und östlicher Verständnisse von Achtsamkeit siehe Weick & Putnam 2006). Es geht beim hier beschriebenen Achtsamkeitsverständnis eher um Aufmerksamkeit, Wachheit und Auf-der-Hut-Sein.

wie auch Beinahe-Unfälle im Flugtraining sowie bei realen Einsätzen. Daraus leitete er Erkenntnisse hinsichtlich der Frage ab, welche spezifischen Verhaltensweisen von Piloten, Copiloten und Fluglotsen zu negativen oder positiven Ausgängen der Unfälle bzw. Beinahe-Unfälle führten. Flanagan untersuchte das ihm vorliegende Datenmaterial, um Handlungsparameter und fallspezifische Bedingungen herauszuarbeiten, die sich im jeweiligen Kontext als nützlich oder fatal bei der Bearbeitung bzw. Verhinderung des Unfalls erwiesen (vgl. Chell 1998, S. 53-54 sowie Hettlage & Steinlin 2006, S. 4). Als kritisch bezeichnet Flanagan diese (Beinahe-)Unfälle insofern, als sie geeignet sind, als Kristallisationspunkte zu fungieren, anhand derer die Eignung einer Person, mit Unerwartetem umzugehen, sich exemplarisch darstellen lässt. Auch Serrat (2017, S. 1077) verweist darauf: „Evidently, some behaviors contribute to the success or failure of individuals - and organizations - in specific situations. And so, responses to the unforeseen lie in identifying before the fact events or circumstances, or series of them, that are outside the range of ordinary human experiences."

Die CIT eignet sich insbesondere für die Analyse von Ereignissen, Verhaltensweisen und Handlungsepisoden, in denen Handeln unter Unsicherheit, ohne eindeutige Vorgaben sowie unter der Prämisse des begrenzten Wissens, erfolgt. Denn: „Gerade für die Analyse kritischer Anforderungen in sog. high reliability organisations, das sind Einrichtungen, in denen richtiges Handeln [...] sehr bedeutsam ist, kritische Situationen aber sehr selten sind, kommt der strukturierten Analyse von schwierigen Anforderungen und deren Vermeidung eine besondere Rolle zu. [...] [Es] werden die Beteiligten gebeten, retrospektiv von den Umständen und Folgen der bisherigen CI zu berichten. Hieraus lassen sich Empfehlungen für Trainingsmaßnahmen, die Neugestaltung von Arbeitsumgebungen und die Integration technischer Warnsysteme zur Risikoentschärfung ableiten" (Reuschenbach 2008, S. 147). Kritische Ereignisse können dem Forscher bzw. Auswerter eine Fülle detaillierter Informationen über komplexe Situationen, Prozesse und organisationalen Settings liefern, in denen das effektive oder ineffektive Bewältigungsverhalten von Personen im Fokus des Interesses steht. So schreibt Chell (1998, S. 62):

„the critical incident technique may be used to reveal the particular construction placed on events by the incumbents, how they handled those incidents and what the consequences were. In other words the CIT enables one to understand the context of action, the tactics, strategies and coping mechanisms adopted, and the outcomes, results or consequences of people's actions [...]." Plakativ formuliert: Die Untersuchung kritischer Ereignisse erweist sich gerade dann als praktikabel, wenn es gilt, jene Unterschiede im individuellen Verhalten ersichtlich machen, die wirklich „einen Unterschied machen." Sie können offenbaren, was über Erfolg oder Misserfolg entscheidet.[3]

Die Erforschung kritischer Ereignisse kann zu verstehen helfen, was Menschen konkret tun, wenn sie über keine abrufbaren Handlungsroutinen verfügen, um eine besondere, nicht alltägliche Herausforderung zu meistern. Wie Langer (1989, S. 19-22) darlegt, liegen die Ursachen von Unachtsamkeit oft in der Nichtreflexion alltäglichen Routinehandelns. Kritische Ereignisse stechen aus dem Routinehandeln hervor und irritieren. Aufgrund dessen können CI negative Auswirkungen haben, da sie eingeübte, sicherheitsstiftende Routinen stören. Andererseits aber können CI durch diese Irritation auch als Lernkatalysatoren und »reminder« dessen fungieren, dass nicht immer alles nach Plan verläuft und es daher sinnvoll sein kann, allzu detaillierten Planungen und Konzeptionen mit Skepsis zu begegnen, um keiner „Kontrollillusion" zu erliegen (vgl. Langer & Roth 1975). Ferner sind kritischen Ereignisse geeignet, speziell den »Faktor Mensch« und dessen aktive Einflussmöglichkeit auf den Verlauf besagter Ereignisse zu eruieren.[4] Es handelt sich

---

[3] Bateson (1983, S. 488) definiert eine Information als „irgendein Unterschied, der bei einem späteren Ereignis einen Unterschied macht." Kritische Ereignisse liefern diese Informationen über relevante Unterschiede. Ihre Erforschung zielt darauf, Handeln zu rekonstruieren, es in einen sinnstiftenden Kontext zu setzen, es mit Bedeutung zu versehen und Formen daraus zu bilden, das heißt: zu informieren (vgl. Simon 2007, S. 61).

[4] In diesem Zusammenhang sei auf den Widerstreit zweier Theorie verwiesen: Während in der *Normal Accident Theory* (NAT) nach Perrow (1984) dargelegt wird, dass kritische Ereignisse - etwa in Form von Unfällen - in komplexen, eng gekoppelten

bei der CIT somit einerseits um eine retrospektive Beobachtungsmethode (Frage: *»was ist passiert?«*), mittels derer eine Antwort auf die Frage gefunden werden kann, welche Handlungen welcher Personen in welchem Kontext was konkret bewirkt haben (vgl. Stauss 1993, S. 412). Andererseits handelt es sich ebenso um eine prospektive Methode, da die CIT auch genutzt werden kann, um zukünftiges Verhalten zu antizipieren und Personalentscheidungen zu legitimieren (*Frage: »wer wird erfolgreich sein? Wen stellen wir ein?«*). Auch Flanagan (1954) nutze das gewonnene Datenmaterial prospektiv, indem er und sein Team auf Basis der CIT standardisierte Tests für die Auswahl geeigneter Piloten entwickelten: „To identify the skills service members needed, trainees and their observers were asked to recount incidents when a subject had succeeded or failed. John Flanagan's team then characterized common threads in the aptitude, proficiency, and temperament underlying success or failure. After identifying the critical requirements of a good pilot, copilot, navigator, and bombardier, he formulated tests that looked for those qualities" (Serrat 2017, S. 1078).

Im Laufe der Jahre diversifizierte sich das Anwendungsfeld der CIT. Sie fand auch im zivilen Bereich Verwendung. Insbesondere im Personal- und Customer-Service-Management, in der Organisationsforschung sowie in der Pflegeforschung erfreute sich die CIT steigender Beliebtheit, was sich in der seit den 1960 Jahren kontinuierlich gestiegenen Anzahl an Publikationen dazu zeigt (vgl. Chell 1998, S. 52; Stauss 1993, S. 411; Reuschenbach 2008, S. 147-149 & Gwenn Hiller 2009). Flanagan selbst zeigte ab den 1950er Jahren, in denen er Untersuchungen an Schulen durchführte, dass die CIT auch in

---

Systemen unvermeidlich seien, wird in der *High Reliability Theory* (HRT) nach Rochlin, La Porte & Roberts (1987) dem »Faktor Mensch« eine weit höhere Bedeutung bei der Verhinderung und effektiven Bearbeitung potenzieller kritischer Ereignisse zugemessen. Es wird auch in der HRT nicht bestritten, das mit Zunahme von Komplexität und enger Kopplung eines Systems die Wahrscheinlichkeit von Unfällen steigt. Wohl aber wird postuliert, dass der Mensch durch achtsames Verhalten aktiv an der Verhinderung dieser Unfälle arbeiten und ihre negativen Auswirkungen im Falle eines dennoch nicht zu verhindernden Eintreffens durch resilientes Agieren positiv beeinflussen könne (vgl. dazu auch Weick & Sutcliffe 2015).

Handlungsfeldern der pädagogischen Psychologie zur Anwendung kommen kann, etwa bei der Entwicklung individualisierter, leistungsgerechter Curricula. „He questioned high-school students to discover what they liked, what they were able to do, and how much instruction and career counseling they were receiving. Follow-up research 1 year, 5 years, and 11 years after their graduation revealed that schools had frustrated some of the best students. John Flanagan then framed systems for individualized study plans" (Serrat 2017, S. 1078; siehe auch Reuschenbach 2008, S. 147-148)

Merkmale der CIT

Was zeichnet die CIT konkret aus? Um das zu beantworten, sei auf drei Definitionen verwiesen. Hettlage & Steinlin (2006, S. 4) definieren die Critical Incident Technique als „a qualitative tool to analyse and unearth the problem solving behaviour of people. It points a critical problem situation and packs it into a short story. This will trigger off the reflection process of the interviewed person and animate his/her problem solving behaviour." Query & Kreps (1993, S. 63-64) erklären: „The method involves gathering self-reported data (using interviews or questionnaires) about subjects' most memorable positive and negative experiences within a specific, social context [...], thereby providing data to evaluate the situation (Nyquist, Bitner, & Booms, 1985)." Flanagan (1954, S. 327) beschreibt die Technik als „a set of procedures for collecting direct observation of human behavior in such a way as to facilitate their potential usefulness in solving practical problems and developing broad psychological principles" (zit. nach Chell 1998, S. 53).

Diese Definitionen zusammenfassend lässt sich konstatieren, dass die CIT das Sammeln von meist auf Interviewbasis erhobener Daten von Personen beinhaltet, die angehalten werden, ihre positiven und/oder negativen Erfahrungen bezüglich ihres Umgangs mit einem für sie kritischen Ereignis so detailliert wie möglich zu schildern. Darauf basierend werden dann Theorien bzw. praktische Implikationen hinsichtlich dessen abgeleitet, welche Fähigkeiten erforderlich sind, um besagte Situation meistern zu können. Die

Möglichkeiten der Datenerhebung sind dabei variabel. Sowohl die direkt Beobachtung im Feld durch speziell geschulte Beobachter als auch die Analyse von Zeugenaussagen sowie die kombinierte Sichtung von Videoaufnahmen, Protokollen oder AAR sind veritable Optionen des Erforschens von Handlungskompetenz der in kritische Ereignisse involvierten Personen (vgl. ebd., S. 56 sowie Hettlage & Steinlin 2006, S. 6 ff.).

Sofern nur auf ein singuläres Instrument der Datenerhebung zurückgegriffen wird, hat sich das Interview als effektivstes Vorgehen zwecks »*fact-finding*« herausgestellt, da ein Interview es - viel eher als der Rückgriff z. B. auf schriftliche Daten oder Videoaufzeichnungen - gestattet, detaillierte Informationen zu evozieren. Die Interaktivität im Rahmen des Interviews erlaubt es, immer wieder nachzufragen und bedeutsame Aspekte weiter zu vertiefen, um so ein umfassenderes Bild davon zu erhalten, was geschehen ist (Beispiel: »*Bitte schildern Sie, wie genau Sie vorgegangen sind; Was haben Sie wann wie getan*«). Stauss (1993, S. 412) verweist zudem darauf, dass, obwohl Flanagan (1954) selbst die Beobachtung als bestes Mittel der Datenerhebung präferiert, das Interview auch deshalb vorzuziehen sei, da Beobachtung nicht immer geeignet ist, einen Untersuchungsgegenstand umfassend abzubilden. Denn: „observations are practicable only in the most exceptional cases. Observations can measure only limited parts of the aggregated volume of critical incidents. They are unable to determine the intensity of the emotion experienced during the critical incident, and an appropriate method is both difficult and expensive. Thus, as a substitute for direct observations, critical incidents are normally collected by direct, openended interviews, either face to face or by telephone."

Bevor begonnen werden kann, die spezifischen Handlungskompetenzen von Personen bei kritischen Ereignissen mittels Interviewdurchführung oder der Kombination von Interviews und Sichtung sonstiger Daten zu erforschen, muss spezifiziert werden, was genau kritische Ereignisse überhaupt sind. Schließlich sind Wahrnehmungen subjektiv. Was dem einen als bedeutsam erscheint, ist dem anderen möglicherweise keine Erwähnung wert. Daher definiert Flanagan (1954, S. 327): „By an incident is meant any specifiable human activity that is sufficiently complete in itself to permit inferences and predictions to be made about the person performing the act. To be critical, the incident must occur in a situation where the purpose or intent of the act seems fairly clear to the observer and where its consequences are sufficiently definite to leave little doubt concerning its effects" (zit. nach Chell 1998, S. 53). Es folgt daraus, dass, um von einem »kritischen Ereignis« sprechen zu können, folgende situative Spezifika zutreffen müssen: Es muss sich um ein abgeschlossenes und klar beschreibbares Ereignis mit menschlicher Beteiligung handeln, das geeignet erscheint, Handlungen aufzudecken, die „so prägnant und bedeutsam sind, dass sie Aussagen über die Kompetenz einer Person ermöglichen und so auch Vorhersagen über zukünftiges Verhalten erlauben" (Reuschenbach 2000, S. 1).

Abgeschlossenheit ist insofern erforderlich, als sich bedingt verlässliche Aussagen über Ergebnisse und Folgewirkungen des Handelns - welches wiederum Ergebnis einer getroffenen Entscheidung ist - nur bei abgeschlossenen Ereignissen treffen lassen.[5] Bei noch andauernden Prozessen kann oft nur spekuliert werden, welches Verhalten was bewirkt hat, zumal manche Wirkung sich erst zeitverzögert einstellt, wie Dörner (2003, S. 323) zu berichten weiß: „Gewöhnlich ereignen sich kritische und komplizierte Situationen selten, und in der »richtigen« Realität sind die »Totzeiten« lang. Es dauert lange, bis man merkt, dass man Fehler gemacht hat." Auch Weick (1985, S. 37) verweist auf dieses Problem: „Scheinbar logische Lösungen können sich als fehlerhaft erweisen, wenn sich ihre Konsequenzen entfalten. Da die Folgen einer Entscheidung des Weiteren häufig erst lange nach der Entscheidung selbst auftreten, ist es [...] schwierig, die Spuren dieser störenden Folgen zurückzuverfolgen und genau auszumachen, was sie verursacht hat."

---

[5] Die nur »bedingte« Verlässlichkeit ergibt sich dabei vor dem Hintergrund begrenzter Rationalität, die jedem menschlichen Handeln inhärent ist. Unbedingt verlässliche Aussagen lassen sich im Hinblick auf menschliches Handeln kaum treffen, da Individuen einerseits hinsichtlich ihrer kognitiven Kapazität begrenzt sind, Informationen zu gewinnen und auszuwerten, und ihre Wahrnehmung zudem immer subjektiv eingefärbt ist (vgl. March 1994, S. 8 ff. sowie Watzlawick 1976).

Die klare Beschreibbarkeit der Situation ist obligatorisch, da, um etwas schildern zu können, dies der Wahrnehmung des Beschreibenden zugänglich sein muss. Er muss erkennen und spezifizieren können, wer wann was wie getan hat. In Fällen, in denen es dem Interviewten aufgrund von Uneindeutigkeit, Unaufmerksamkeit oder Desorientierung nicht möglich ist, die Einzelheiten des kritischen Ereignisses detailliert zu rekapitulieren, macht die Anwendung der CIT keinen Sinn. Denn bestenfalls erfährt der Forscher dann gar nichts (*»Das kann ich nicht sagen. Da kann ich mich nicht dran erinnern«*), oder er sieht sich im ungünstigsten Fall mit Mutmaßungen und Interpretationen konfrontiert (*»Ich glaube, der hat das gemacht. Das könnte so gewesen sein«*), was ebenfalls kaum zielführend ist, um ein Ereignis möglichst objektiv zu rekonstruieren. Hervorzuheben ist des Weiteren, dass mittels CIT nicht nur problematisch verlaufende Ereignisse fokussiert werden. Denn anders als in der Alltagssprache gebräuchlich, ist das Adjektiv *»kritisch«* im Kontext der CIT nicht notwendigerweise negativ konnotiert. Es ist der Technik daher keinesfalls zu eigen, dass nur fatale und letale Unfälle untersucht werden.

Vielmehr kann die CIT auch genutzt werden, um jene Ereignisse und Verhaltensweisen zu identifizieren, die in positiver Weise aus dem Alltag hervorstechen und deren Bearbeitung als besonders gelungen zu werten ist. Das zentrale Charakteristikum eines kritischen Ereignisses ist dessen Potenzialität, zu irritieren und zu verstören, nicht aber notwendigerweise zu zerstören, wie Serrat (2017, S. 1078) schreibt: „A critical incident need not be spectacular: it suffices that it should hold significance. As such, at the individual level, it can be events or circumstances that made one stop and think, perhaps revisit one's assumptions, or impacted one's personal and professional learning. At the collective level, it can be a systemic problem from organizational maladaptation, or an issue arising from differences among stakeholders. In short, an incident may be defined as critical when the action(s) taken contributed to an effective or an ineffective outcome." Die Attribuierung *»kritisch«* bezieht sich somit nicht auf die Folgen eines Ereignisses (*»zahlreiche Verletzte, totales Chaos«*), sondern auf die Besonderheit, auf den irritativen Aspekt des Ereignisses (»*bedeutsame Unterbrechung normaler Handlungsprozeduren*«).[6] Kurz gesagt: „Es geht nicht um ‚happenings', sondern um ‚meanings', d.h. situierte und kontextualisierte Handlungsweisen, die für die Handelnden und die Beobachtenden eine Bedeutung im Hinblick auf die Zielerreichung haben. Somit kann auch fehlendes Verhalten (‚non happening') kritisch sein, wenn das Nicht-Reagieren mit der Zielsetzung [...] im Widerspruch steht" (Reuschenbach 2008, S. 146).

Anwendung der CIT

Wie gestaltet sich die Anwendung der CIT? Wie sollte methodisch vorgegangen werden, um den Forschungsprozess mittels CIT zu strukturieren? Es ist zunächst festzuhalten, dass es dafür kein Patentrezept gibt, da die CIT ein offenes qualitatives Verfahren der Informationsgewinnung ist. Daher warnt Flanagan (1954, S. 355) vor einem unflexiblen Methodismus in der Anwendung der CIT. Er schreibt: „It should be emphasized that the critical incident technique does not consist of a single rigid set of rules governing such data collection. Rather it should be thought of as a flexible set of principles which must be modified and adapted to meet the specific situation at hand" (zit. nach Reuschenbach 2000, S. 2). Auch Mayring (2002, S. 28) betont die Notwendigkeit, in der Forschung methodisch kontrolliert und nachvollziehbar, aber gleichsam explorativ und flexibel vorzugehen, somit: die Augen offen zu halten für Unerwartetes und Ungeplantes, was in der ursprünglichen Methodenkonzeption nicht bedacht war. „Der Forschungsprozess muss so

---

[6] Vor diesem Hintergrund betrachtet sind kritische Ereignisse schon deshalb untersuchenswert, weil Organisationen sich oftmals der Illusion hingeben, Unterbrechungen normaler Handlungsprozeduren mittels eindeutiger Hierarchien, Strukturen und Entscheidungsprozesse kompensieren und so jedwede Unsicherheit absorbieren zu können (vgl. Wetzel & Aderhold 2009, S. 71 sowie Simon 2007, S. 66-69). Kritische Ereignisse können darauf verweisen, dass eben dies nicht immer möglich - und auch nicht immer wünschenswert - ist, zumal ein gewisses Maß an Irritation erforderlich ist, um Kontrollillusionen zu überwinden und die Organisation „am Leben" zu halten. Somit können kritische Ereignisse als blinde Flecken betrachtet werden, die es aufzudecken gilt.

offen dem Gegenstand gegenüber gehalten werden, dass Neufassungen, Ergänzungen und Revisionen sowohl der theoretischen Strukturierungen und Hypothesen als auch der Methoden möglich sind, wenn der Gegenstand dies erfordert." Nichtsdestotrotz muss aber schon aus Gründen der Methodenkontrolle ein Qualitätsstandard gewahrt werden, den es seitens des Forschers deutlich zu machen gilt. Denn: „Die besten und einleuchtenden Ergebnisse sind sinnlos, wenn sie nicht überprüft werden können, das heißt durch ein explizites, methodisch kontrolliertes Verfahren abgesichert sind. [...] Das Verfahren muss expliziert werden und es muss sich an begründeten Regeln orientieren. [...] Je offener das Vorgehen ist, desto genauer muss beschrieben werden, wie im einzelnen, Schritt für Schritt, der Forschungsprozess abläuft. [...] Offene Verfahren werden dadurch abgesichert, dass sie nach einer systematischen Prozedur ablaufen. Die Verfahrensschritte folgen vorher explizierten Regeln und lassen sich so begründen" (ebd., S. 29). Zwecks Systematisierung und Offenlegung des Forschungsvorgehens hat es sich in der Anwendung der CIT als zweckdienlich erwiesen, fünf Schritte sequenziell zu befolgen, die Query & Kreps (1993, S. 64) in Anlehnung an Flanagan (1954) formulieren.

Schritt 1 – Das Untersuchungsziel

Der erste Schritt im Forschungsprozess ist die Spezifizierung und Eingrenzung dessen, »*was*« genau erforscht werden soll. „CIT research should be guided by clear goals about the nature of the activities under examination" (Query & Kreps 1993, S. 64). Konkludent gilt es zunächst also, Ziel und Zweck der Untersuchung darzulegen. Was soll erreicht werden? Welcher Arbeitsbereich steht im Fokus des Interesses? Welches potenzielle Problem ist zu lösen? Welche Hypothese gilt es zu überprüfen? Welche »*blind spots*« sollen sichtbar gemacht, welche Forschungsdefizite behoben werden? Und welchen Nutzen verspricht es überhaupt, gerade dies zu erforschen? Das sind Frage, die bei der Bestimmung des Untersuchungsziels beantwortet werden sollten. Chell (1998, S. 51) bringt es wie folgt auf den Punkt: „The starting point for any investigative work is curiosity and sometimes puzzlement at a phenomenon which appears to be inadequately understood or explained." Das Bestreben, das nur inadäquat verstanden und teilweise Erklärte umfassender zu begreifen, sollte die Forschung leiten.

Schritt 2 – Der Untersuchungsplan

Nach der Zielfestlegung erfolgen die Entwicklung eines Untersuchungsplans und die Darlegung der Datenerhebungsmethode. „CIT research should be guided by a clear understanding of the nature of the data to be gathered through the interviews conducted. In particular, all reported incidents must meet the minimal criteria of consisting of actual behaviours, having been directly observed by the subject, providing all relevant factors surrounding the incident, and including a clear evaluative judgement by the observer as to why the incident is important" (Query & Kreps 1993, S. 64). Es gilt, einen Plan zu erstellen, das Auskunft drüber gibt, welche Charakteristika kritische Ereignisse determinieren, welche Personen dazu wann und wo befragt werden sollen, welche Anforderungen an diese Interviewpartner zu stellen sind und welche Daten mittels welcher Instrumente erhoben und festgehalten werden sollen.[7] Dies ist erforderlich, um dem Anspruch wissenschaftlichen Arbeitens gerecht zu werden. Denn: „Das schönste Ergebnis ist wissenschaftlich wertlos, wenn nicht das Verfahren genau dokumentiert ist, mit dem es gewonnen wurde. [...] Das [Verfahren] muss bin ins Detail dokumentiert werden, um den Forschungsprozess für andere nachvollziehbar werden zu lassen (vgl. vor allem Kirk/Miller 1986)", wie Mayring (2002, S. 144) erklärt. Da das Ergebnis nur über den Weg nachvollzogen werden kann, der zu

---

[7] Zu betonen ist indes, dass Pläne „als entscheidende Komponenten der erfolgreichen Ausführung effektiver Handlungen überschätzt worden [sind]", wie Weick (1985, S. 22) schreibt. Daher kann durchaus auch ohne einen im Vorfeld umfassend explizierten Plan erfolgreiche Forschungsarbeit geleistet werden. Dennoch erscheint die Erstellung eines Untersuchungsplans geboten, zumal sie den Forschungsprozess strukturiert und ihn so auch für Außenstehende nachvollziehbar macht. Insofern handelt es sich beim hier propagierten Untersuchungsplan im weick'schen Sinne um ein »Rechtfertigungsdokument«, das nach außen (für Leser) wertvoller ist als nach innen (für den Verfasser).

ihm geführt hat, ist zu plausibilisieren, welches Verfahren der Datenerhebung und Analyse weshalb gewählt wurde, welche methodischen Probleme sich ggf. ergaben und welche Fragen gestellt bzw. nach welchen Daten gesucht wurde, um den zu erforschenden Gegenstand möglichst umfassend abzubilden.

Schritt 3 – Die Datenerhebung

Im dritten Schritt erfolgt die Datenerhebung, also das Sammeln von kritischen Ereignisschilderungen, was meist mittels Interviews vollzogen wird. Kernelement dieses Schrittes ist es, durch Nachfragen präzise Antworten der Interviewten zu evozieren, die möglichst detailliert Aufschluss darüber geben, was wie passiert ist und welche Folgerungen sich ziehen lassen. So schreibt Stauss (1993, S. 412): „In the data collection process, it is important that the interviewer clarify how the incident happened, which of the involved persons acted in which ways, and which circumstances were decisive for the […] evaluation." Chell (1998, S. 56-59) ergänzt: „It is intended through the process of a largely unstructured interview to capture the thought processes, the frame of references and the feelings about an incident or set of incidents which have meaning for the respondent. […] It is worth underlining that the purpose of the interview is to attempt to gain a genuine understanding of the other person through language. It is essential to elucidate the nature of the context which gives the words their particular meaning. Thus the interviewer may seek *further information* until they are satisfied that they do understand." Um zu diesem understanding zu kommen, ist das Stellen folgender Fragen probat (vgl. Chell 1998, S. 59; Hettlage & Steinlin 2006, S. 9-10; Serrat 2017, S. 1080; Stauss 1993, S. 412):

Was konkret ist passiert?   *Wo fand das Ereignis statt?*

Wer genau tat was?   *Wie ist es passiert?*

Wer war daran beteiligt?   *Wann fand es statt?*

Was taten Sie?	*Was macht das Ereignis kritisch?*
Welche Gegebenheiten führten dazu?	*Was waren die Begleitumstände?*
Wie beurteilen Sie dieses Ereignis?	*Was erscheint ge-/misslungen?*
Was hätten Sie anders machen können?	*Was würden Sie heute ändern?*
Was waren die Folgen dieses Ereignisses?	*Was sind die nächsten Schritte?*

Um die detaillierte Beantwortung dieser Fragen zu ermöglichen, bietet es sich an, die Fragen in großer Schrift auf einen DIN-A4-Zettel zu schreiben und diesen den Interviewten als Reflexionshilfe vorzulegen. Das kann in etwa so aussehen, wie es im Schaubild unten dargestellt ist:

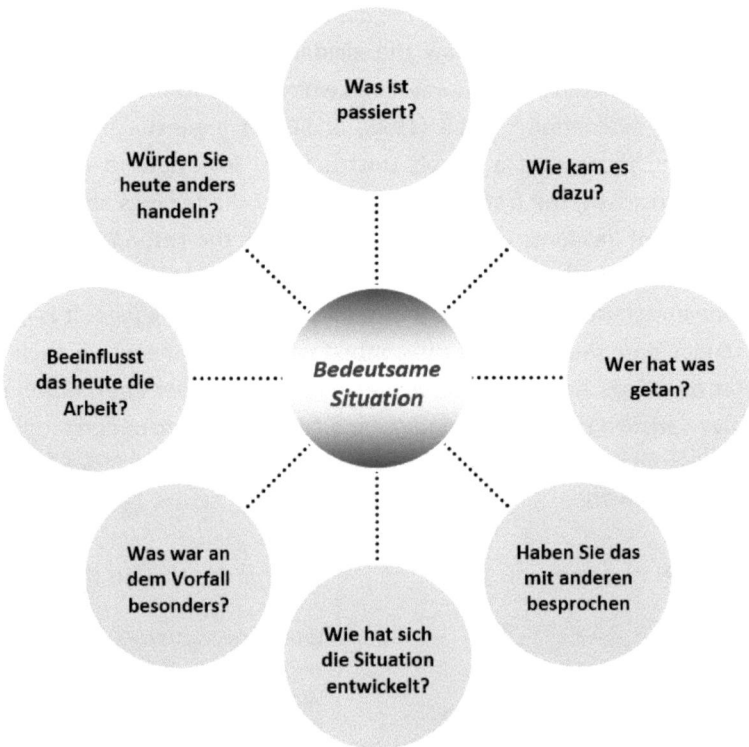

Dass eine solche Visualisierung sowohl für die Interviewten wie auch für den Interviewer eine Orientierungshilfe sein kann, hat der Autor bei einer Feldforschung, in der das kompetente Handeln von Schulsozialarbeitern im Fokus des Interesses stand, selbst erlebt (siehe Nixdorf 2015, S. 477 ff.). Er legte das obige Schaubild den Interviewten vor und bat Sie mit folgender Aufforderung darum, ihm von einem kritischen Ereignis zu berichten: *„Schildern Sie bitte einen Vorfall, ein Ereignis oder eine Situation, die Sie oder Kolleg/innen erfolgreich gemeistert haben bzw. wo Ihnen oder Kolleg/innen dies nicht gelungen ist. Was machte die (Nicht)-Kompetenz des Handelns jeweils aus? Bitte schildern Sie möglichst detailliert, was passiert ist."*

Wer aufmerksam gelesen hat, dem wird aufgefallen sein, dass die Fragen, die in den Kreisen im Schaubild stehen, teils abweichen von den Fragen, die weiter oben als zu stellen probat vorgestellt wurden. Das macht deutlich, dass es beim Fragen nicht auf eine ganz konkrete, vermeintlich beste Formulierung ankommt. Denn die gibt es nicht. Die oben aufgelisteten Fragen weisen grob die Richtung, sie müssen aber je nach Kontext und Person adaptiert werden, um eine möglichst detailreiche Schilderung zu evozieren. Die Fragen sollten verändert und ggfs. ergänzt werden. Oftmals ist das nötig, weil unterschiedliche Menschen einen divergenten Wortschatz pflegen. Der Interviewer muss daher ein Gespür dafür entwickeln, wie er Interviewte am besten anspricht, um an die gewünschten Informationen zu gelangen.

Hinsichtlich der Frage, wie viele Ereignisse überhaupt gesammelt werden sollten, um eine valide und reliable Datenbasis zu besitzen, lassen sich ex ante keine allgemeingültigen Empfehlungen geben. Reuschenbach (2008, S. 155-156) verweist darauf, dass sich die Anzahl der notwendigerweise zu sammelnden Ereignisse erst während des Forschungsprozesses abschätzen lässt. „Exakte mathematische Berechnungen der optimalen Stichprobengröße gibt es bei der qualitativen Forschung nicht. [...] Richtwerte von Flanagan (1954) gehen von einer Sättigung aus, wenn bei 100 CI maximal zwei neue Kategorien entstehen." Das ist allerdings nur insofern ein grober Richtwert, als die Sättigung auch durch die Feingliederung des Kategorie-

Systems, die verbale Kompetenz der Befragten und die Komplexität der geschilderten Verhaltensweise beeinflusst wird (vgl. ebd., S. 156 sowie Reuschenbach 2000, S. 3).

Schritt 4 – Die Datenanalyse

Der vierte Schritt beinhaltet Query & Kreps (1993, S. 64) zufolge die Analyse und Kategorisierung der im dritten Schritt erhobenen Daten. „The CIT classification system is a structured three-part process which involves repeated, careful examinations of the data and sorting of the critical incidents into categories and subcategories according to similarities in the reported experience." Dabei erweist sich ein iteratives Vorgehen als nützlich. Zunächst müssen all jene Ereignisse eliminiert werden, die den Mindestanforderungen nicht entsprechen, die in der Darlegung des Untersuchungsplans genannt wurden. Es gilt, solche Ereignisse aus dem weiteren Analyseprozess auszuschließen, die der Definition nach nicht kritisch sind, oder die nicht auswertbar sind, weil der Interviewpartner an ihnen nicht selbst beteiligt war oder weil die Ereignisschilderungen widersprüchlich sind oder nicht ausreichen, um daraus valide Informationen zu ziehen. Dann gilt es, 1) einen allgemeinen Bezugsrahmen festzulegen, in den sich die CI einordnen lassen, 2) aus dem Datenmaterial spezifische Haupt- und Subkategorien induktiv zu entwickeln und 3) ein geeignetes Abstraktionsniveaus festzulegen, anhand dessen die von Interviewpartnern geschilderten Handlungen/Ereignisse sich kategorisieren lassen.

Stauss (1993, S. 413) betont diesbezüglich die Notwendigkeit, sich im Analyseprozess hinsichtlich der Kategoriebildung nicht zu früh festzulegen und die am Material bestimmten Kategorien immer wieder zu hinterfragen. Das Kategoriesystem stabilisiert sich erst mit der Zeit, wenn sich keine Handlungsweisen oder Ereignisse mehr finden lassen, die eine neue Kategorie rechtfertigen würden: „Regardless of the way the main categories are determined, the single incidents have to be classified via a multistep inductive and iterative process consisting of repeated, careful readings and the sorting of the incidents into groups according to similarities in the reported experiences." Auch Reuschenbach (2008, S. 162) hebt hervor, dass die gebildeten Kategorien „in kontinuierlichen Korrekturschleifen ausgeweitet, verändert und spezifiziert [werden sollten]. Die Kategorien sind dabei zunächst noch variabel, d. h. es bilden sich neue Subkategorien. Kategorien werden zusammengefasst oder verschmelzen."

Schritt 5 – Die Dateninterpretation

Den letzten Schritt bildet die Interpretation der gesammelten und kategorisierten Daten. Es muss überprüft werden, inwieweit die erhobenen Daten geeignet sind, den Forscher zu befähigen, all jene Fragen zu beantworten, die zu beantworten als Ziel der Untersuchung festgelegt wurde (vgl. Query & Kreps 1993, S. 65). Zentrale Frage, die es durch umfassende Analyse, Interpretation und Abstraktion zu beantworten gilt, sind die folgenden:

Was wurde herausgefunden?

Was lässt sich basierend auf den gewonnenen Daten festhalten?

Was ist das Besondere des jeweiligen Falls?

Was ist gerade »nicht« besonders?

Welche fallübergreifenden Handlungsmuster lassen sich rekonstruieren?

Was ist vom Einzelfall abstrahiert generalisierbar?

Welche Implikationen hinsichtlich einer etwaigen Theoriebildung - oder Falsifizierung bestehender Theorien - lassen sich aus dem Material ableiten?

Objektiv - bzw. im kritischen Bewusstsein der eigenen Subjektivität - beantwortet werden können diese Fragen nur, wenn im gesamten Forschungsprozess mit der erforderlichen wissenschaftlichen Skepsis vorgegangen wird. Nur diese stellt den Vollzug der gebotenen „Arroganzkontrolle" (Tavris & Aronson 2010, S. 171) sicher, welche anzuwenden nötig ist, weil nur so selbstkritisch reflektiert werden kann, ob wirklich korrekt gearbeitet wurde,

d. h. ob valide Ergebnisse erzielt wurden, oder ob nicht Faktoren unberücksichtigt blieben, die andere Interpretationen nahe legen, die aber der eigenen Überzeugung ggf. zuwiderlaufen.[8] Kann man die Ergebnisse anders interpretieren? Eigenen sie sich, um eine Theorie aus ihnen abzuleiten? Gab es „confirmation biases"?[9] Das alles muss dargelegt werden, um dem Anspruch an eine wissenschaftlich solide Forschungsarbeit gerecht zu werden.

Informationsgewinnung mittels CIT

Es ist dargelegt worden, dass die Anwendung der CIT gut geeignet ist, Handlungsprozesses zu rekonstruieren und situationsbedingte, personenspezifische Fähigkeiten, Erfolge oder Versäumnisse sichtbar zu machen. Eine Frage beim Verständnis der CIT aber blieb bisher unbeantwortet: Die nach dem »warum«. Warum eignet sich gerade die CIT dazu, kontextreiche Informationen über situationsadäquates oder inadäquates Verhalten zu generieren? Darauf gibt es mehrere Antworten. Sofern Interviews zur Datenerhebung herangezogen werden, sind diese in aller Regel relativ offen strukturiert. Das ist erforderlich, da die kommunikative Fähigkeit und Auskunftsbereitschaft eines Interviewpartners im Vorfeld kaum verlässlich zu antizipieren sind. Der Ablauf des Interviews und die Art der Frageformulierung müssen daher an

---

[8] Darauf, dass auch Wissenschaftler nicht immer davor gefeit sind, Ergebnisse ihren Interessen nach zu interpretieren oder Gegenbeweise zu missachten, verweisen Tavris & Aronson (2010, S. 77 ff.) am Beispiel klinischer Studien bezugnehmend auf Publikationen von Fagin & Lavelle (1996), Davidson (1986) und Kjaergard & Als-Nielsen (2002). Auch March (1994, S. 17) nimmt sich in spöttischer Weise dieses Problems an, wenn er schreibt: „Realist cynics portray the pursuit of truth as a sham, noticing the many ways in which individuals, experts, and decicion makers find it possible to 'discover' a truth that happens to be consistent with their own interests."
[9] Als *confirmation bias* bezeichnet Wason (1960) eine oft unbewusste Tendenz, jene Informationen zu favorisieren bzw. Informationen mehr Aufmerksamkeit zu schenken, die ihre bereits bestehenden Vorannahmen und Hypothesen zu bestätigen scheinen; Siehe auch Nickerson (1998); Ein exemplarisches Beispiel dafür liefert der englische Politiker Lord Hugh Molson (1903-1991) mit seinem berühmten Zitat: *„Ich werde nach allen nur erdenklichen Beweisen Ausschau halten, die mir meine Meinung bestätigen können"* (zit. nach Tavris & Aronson 2010, S. 34).

den jeweiligen Interviewpartner angepasst werden. Mit einem allzu rigiden, vorformulierten Fragebogen liefe man Gefahr, nicht alle relevante Informationen erfassen zu können. Denn bedeutsame Aspekte, die sich aus der jeweiligen Gesprächssituation und spezifischen Ereignisschilderung ergeben könnten, müssten beim reinen Abfragen eines vorformulierten Fragekatalogs unberücksichtigt bleiben, wenn dazu gar keine Fragen im fixen Katalog existieren. Es ist daher entscheidend, ein Gefühl für die jeweilige Interviewsituation zu entwickeln und offen auch jene Aspekte zu thematisieren, zu denen keine Fragen vorformuliert wurden, die aber zwecks eines besseren Verständnisses der Situation als bedeutsam erscheinen. Das setzt Offenheit voraus. Eine Eingrenzung erfolgt zwar insofern, als kritische Ereignisse im Fokus des Interesses stehen, aber die Auswahlkompetenz darüber, was als kritisches Ereignis aufgefasst wird und was daran erzählenswert ist, bleibt beim Interviewten. Daraus folgt, dass der Interviewte bedingt durch seine Auswahl dessen, was er überhaupt als erzählenswert erachtet, die Kontrolle über das Geschehen behält.

Des Weiteren finden Interviews meist in einer dem Interviewten vertrauten Umgebung statt, so dass davon ausgegangen werden kann, dass durch die Vertrautheit/Situationskontrolle die Auskunftsbereitschaft steigt. Es können somit in der Regel viele Informationen gewonnen werden, wie Hettlage & Steinlin (2006, S. 6) darlegen: „Interview partners feel their views and their criteria are being taken seriously as they can come up with solutions relevant to them in their context [...] Critical Incidents are based within a context which is usually familiar to the interview partner. This contextuality gives the tool more meaning and makes the interview partners consider themselves to be part of the story. Interview partners are challenged to be conceptually creative. Often CIT can be an eye-opener for them as they have to explain things or come up with solutions, which for them seemed to be trivial or have never been formulated. [...] The Critical Incident Technique generates honest profound answers in many cases. Through the story told in the Critical Incident Technique a high degree of affectedness can be attained. Therefore the possibility to hide behind 'general' answers can be limited."

Ein weiterer zentraler Punkt, der für die Anwendung der CIT spricht, wird von Serrat (2017, S. 1082) hervorgehoben: „Most people enjoy telling stories: they like to be listened to and are glad that their experiences are thought important. Especially when data and information are collected anonymously, investigators can obtain deep information about the emotions, feelings, and actions of individuals, and find new meaning." »Most people enjoy telling stories« - das ist ein nicht zu vernachlässigender Faktor, wenn es darum geht, Handlungen zu rekonstruieren. Die gegenüber dem Interviewten geäußerte Bitte, ein kritisches Ereignis zu reflektieren und darüber Auskunft zu geben, kann zum Geschichtenerzählen anregen. Eben dies - das Erzählen einer Geschichte - ist nicht nur eine der ältesten Formen der Wissensweitergabe, die Menschen nutzen, seit sie ihre Kommunikation in Form von Sprache und Bildern kodieren, es ist auch eines der probatesten Mittel, sich jenes prozeduralen Wissens zu nähern, das mittels standardisierter Verfahren schwer explizierbar ist. Nonaka (1998, S. 27-28) spricht diesbezüglich von *tacit knowledge*: „Tacit knowledge is highly personal. It is hard to formalize and, therefore, difficult to communicate to others. [...] It consists of mental models, beliefs, and perspectives so ingrained that we take them for granted, and therefore cannot easily articulate them."

Geschichten sind überdies sehr geeignet, relevantes Wissen nicht nur weiterzugeben, sondern sich dessen auch zu erinnern. Handelt die Geschichte von kritischen Ereignissen, an denen sich individueller Erfolg oder Misserfolg zeigt, ist umso mehr davon auszugehen, dass sie dem Geschichtenerzähler gut in Erinnerung bleiben (vgl. Edvardsson 1988 in Stauss 1993, S. 416; Siehe auch Chell 1998, S. 55). Polanyi (1983, S. 4) sagte: *„We can know more than we can tell."* Einerseits ist es fraglos beruhigend, das zu wissen. Andererseits kann die Erkenntnis, etwas manchmal nicht richtig ausdrücken zu können, obwohl man es eigentlich doch weiß, ebenso Unzufriedenheit evozieren. Genau hierbei können Geschichten Abhilfe schaffen. Das Geschichtenerzählen erlaubt es, das, was man nicht »direkt« sagen kann, weil es einem nicht bewusst zugänglich ist oder weil einem die passenden Worte fehlen, dennoch »irgendwie« auszudrücken, nämlich mittels der Nutzung von

Allegorien, Metaphern und Symbolismen, die stellvertretend für das sonst nicht zu präzisierende stehen können (vgl. Weick 1985, S. 72-77 sowie Wolff o. J., S. 5-8). Kaum jemand wird sich nach einmaligem Lesen detailliert an den Inhalt einer Sammlung von Verfahrensanweisungen und Ablaufdiagrammen erinnern. Sind besagte Anweisungen und Diagramme aber in eine interessante Geschichte eingebunden, sind sie emotional aufgeladen, lustig, tragisch, makaber und - das ist vor allem entscheidend: nachvollziehbar -, so wird ihnen ein Sinn verliehen. Damit steigt die Wahrscheinlichkeit, dass besagte Geschichte erinnert wird. Kurzum: Erst durch das Geschichtenerzählen werden abstrakte Erfahrungen, Regeln, Vorstellungen und Ziele erfahrbar gemacht. „Vor allem schwer zu kodifizierendes Expertenwissen kann durch Erfahrungsberichte weitergegeben werden. Die Erzählung löst beim Zuhörer Emotionen aus, der Lernerfolg steigt. Storytelling ist auch eine Methode, um verborgenes Wissen aufzuspüren und zu verstehen", erklären Gerhards & Trauner (2007, S. 111).

Kritische Ereignisse bilden einen guten Aufhänger für eben solches »Storytelling«. Denn, so Query & Kreps (1993, S. 65): „It is through the telling of stories about ourselves and the events around us that we define reality, explain who we are to one another, and set the stage for future action. [...] as we listen to the stories others tell us we learn what is important to them, what they believe is memorable, who in their story is what kind of person, and what kinds of values justify decisions and actions." Ein weiterer Aspekt, der für die Anwendung der CIT spricht, ist deren Praktikabilität hinsichtlich Fallvergleich und induktiver Theoriebildung. Die CIT ermöglicht es dem Forscher, die spezifischen Merkmale des Einzelfalls herauszuarbeiten und so der Einmaligkeit des jeweiligen situativen Kontexts gerecht zu werden, gleichsam aber gestattet die Technik, vom Einzelfall abstrahiert nach Gemeinsamkeiten und Übereinstimmungen im Handeln der Akteure bei der Bearbeitung kritischer Ereignisse zu suchen, wie Chell (1998, S. 69) schreibt: „Case studies my be built up of specifiable organizational contexts, critical incidents, the strategies adopted to handle them and the outcomes. This compares with clinical work in the sense that whilst cases are examined individually, patterns of behaviour, may be discernible which may inform theory, policy and practice." Ein erwähnenswerter Punkt ist zudem, dass kritische Ereignisse durch die Irritationen, die sie auslösen (können und sollen), geeignet sind, Lernen zu befördern und dadurch unangebrachte Erfolgsverallgemeinerungen zu überkommen. Zwar ist Lernen längst nicht immer positiv zu bewerten, aber zumindest in jenen Fällen, in denen kritische Ereignisse auf Fehler und Versäumnisse im Handeln beteiligter Akteure verweisen, ist partielles Lernen geboten.[10] Das meint, nicht gleich alle bestehenden Handlungsroutinen »über Bord« zu werfen, wenn sie sich bei der Bearbeitung bestimmter Fälle als nicht mehr praktikabel erweisen, sondern sie anzupassen und schrittweise Veränderungen vorzunehmen.[11] Kritische Ereignisse können das befördern. Sie können ein Innehalten bewirken und dazu anregen, intensiv darüber nachzudenken, was passiert ist. Sie können schrittweisem Lernen den Weg ebnen und helfen, jene *„myopia of learning"*

---

[10] Nach Luhmann (2006, S. 360) ist Lernen schon deshalb nichts per se positiv, weil beim Lernen viel falsch gemacht werden kann. Da die Zukunft unbestimmt ist und daher unklar bleiben muss, was zu wissen sich später vielleicht auszahlt, läuft man Gefahr, das Falsche zu lernen und dabei mitunter auch noch hohe Zeit- und Geldressourcen auf dieses „falsche" Lernen aufzuwenden. Zudem ist nicht jeder Zeitpunkt geeignet, mit Lernen zu beginnen. Gerade in einer wechselhaften, turbulenten Umwelt zeigt sich, dass es durchaus praktikabel sein kann, nicht zu lernen, sondern mittels des bestehenden Wissensinventars zu »handeln« (vgl. ebd., S. 353). Des Weiteren gilt, dass derjenige, der sich an neue Erfordernisse immer sofort durch Lernen anpasst, auf Dauer die Fähigkeit verliert, auch jene Situationen meistern zu können, in denen sofortiges Lernen nicht möglich ist. Insofern ist Lernen auch unter evolutionären Aspekten nicht immer sinnvoll, weil es inkrementell mit einer Spezialisierung (Anpassung) einhergeht, deren überlebenssichernder Nutzen sich ins Gegenteil verkehren kann, wenn die äußeren Bedingungen, die die lernbedingte Spezialisierung hervorgebracht haben, sich ändern.

[11] Das »Über-Bord-Werfen« zu vieler Handlungsweisen auf einmal, das zu radikale Brechen mit bisherigen Routinen und Erfahrungen (*disruptives Lernen*) lässt sich in Organisationen schon deshalb kaum realisieren, da sie „organisierte Organisationen" (Dievernich 2007, S. 64) sind, also strukturkonservative Gebilde, die nur bedingt Neues hervorbringen können, weil sie sonst ihren unsicherheitsabsorbierenden Charakter verlieren. Plakativ: Unsicherheit lässt sich kaum absorbieren, wenn Wandel an der Tagesordnung ist und alltäglich die organisationale Revolution ausgerufen wird. Das mag Innovationen befördern, aber keine Sicherheit und Verlässlichkeit.

zu überkommen, die March & Levinthal (1999, S. 208) als Fallstrick erfahrungsgeleiteten Lernens bezeichnen: „Learning is likely to be misleading if the experimental record on which it draws is a biased representation of past reality, and thus of future likelihoods. [...] Learning generates successes rather than failures. In every domain of learning, the likelihood of success tends to increase with competence [...] As learners settle into those domains in which they have competence and accumulate ex-perience in them, they experience fewer and fewer failures. Insofar as they generalize that experience to other domains, they are likely to exaggerate considerably the likelihood of success." Kritische Ereignisse - zumal jene mit negativem Ausgang - können durch ihren irritativen Charakter wirksam jenen eben zitierten Erfolgsverallgemeinerungen einen Riegel vorschieben, die mitunter zu Selbstüberschätzung und Fehleinschätzungen der Situation führen. Allzu oft verleitet die Erfahrung dazu, Situationen als bekannt und beherrschbar einzuschätzen. Das ist durchaus verständlich, denn schließlich hat man sie schon dutzende Male erfolgreich bewältigt. Was dabei aber oft übersehen wird, ist, dass Erfahrungen täuschen können.

Erfahrungen sind manchmal ein schlechter Lehrmeister, da sie gegenüber den kleinen, aber stetigen Veränderungen blind sind, die in einer komplexen Welt tagtäglich vonstattengehen. Ebenso wie Personen und Organisationen sich konstant verändern, ändern sich auch die Situationen, die sie zu bewältigen haben. Demzufolge müssen sich auch individuelle und organisationale Handlungsschemata ändern, selbst dann, wenn man bisher mit ihnen erfolgreich war. Diesbezüglich sei erneut auf Bateson (1983, S. 429) verwiesen, der den Satz prägte, dass wer derselbe bleiben will, sich verändern müsse. Zu erklären ist die Paradoxie, dass überdauernde Strukturen nur durch Veränderung aufrecht zu erhalten sind, mit der sich stetig verändernden Umwelt, in der ein System (Mensch oder Organisation) operiert. Um im Austausch mit einer sich ändernden Umwelt in weitgehend bestehender Form überleben zu können, muss besagte Form in gewissen Teilen modifiziert werden, damit sie insgesamt weitgehend gleich bleiben kann. Denn, so Simon (2007, S. 102-103): „Wenn es nicht gelingt, innerhalb einer gewissen

Zeitspanne interne Änderungen zu vollziehen, die auf die System-Umwelt-Beziehung Auswirkungen haben und die Krise bewältigen [...], endet die Autopoiese." Mit anderen Wort: Wenn sich die für ein System relevante Umwelt verändert - was in einer dynamischen Welt unausweichlich ist -, das System seinerseits aber jede Zurkenntnisnahme von und Anpassung an diese Veränderung verweigert, um so zu bleiben, wie es ist, wird das Gegenteil des intendierten eintreten: Das System bleibt nicht, wie es ist, sondern hört auf zu existieren.

Dies mit Verweis auf die bisher erfolgreiche Anwendung bekannten Wissens zu negieren, wäre töricht, denn: „The difficulties in learning effectively in the fact of confusing experience are legendary. Even highly capable individuals and organisations are confused by the difficulties of using small samples of ambiguous experience to interpret complex worlds (Brehmer, 1980; Fischhoff 1980)" (March & Levinthal 1999, S. 196). Kritische Ereignisse können besagte Komplexität offen legen. Sie können zeigen, dass das, was einst funktioniert hat, in bestimmten Situationen nicht mehr funktioniert. Sie können vergegenwärtigen, dass das, was bisher unterblieben ist, nun probat sein kann. Kritische Ereignisse zeigen, dass man Erfahrungswissen kritisch gegenüber stehen muss. Sie verdeutlichen, dass das, was man zu wissen meint, selten dauerhaft Bestand hat. Sie zeigen, dass stets neu gelernt, verlernt, kombiniert und improvisiert werden muss. Kritische Ereignisse sind Anlass und Chance, das zu tun.

Nachteile der CIT

Bisher wurde nur auf die Vorteile eingegangen, die sich aus der Anwendung der CIT im Forschungsprozess ergeben können. Geboten ist es allerdings, auch die Beschränkungen und potenziell nachteiligen Aspekte bei der Anwendung der CIT deutlich zu machen. Es wurde weiter oben hervorgehoben, dass kritische Ereignisse in der Regel gut erinnert werden. Obgleich das zutrifft, muss die Aussage insofern relativiert werden, als das, was konkret erinnert wird, nicht notwendigerweise dem entspricht, was tatsächlich passiert ist. Ein bekanntes Zitat Friederich Nietzsches (1969, S. 625) bringt das Problem auf den Punkt: *„Das habe ich getan*, sagt mein Gedächtnis. *Das kann ich nicht getan haben*, sagt mein Stolz und bleibt unerbittlich. Endlich – gibt das Gedächtnis nach."* Die Selbstrechtfertigung, die Nietzsche hier darstellt, ist Teil eines nicht seltenen Phänomens, das Hettlage & Steinlin (2006, S. 6) als „inherent bias of retrospective judgement" bezeichnen. Darunter verstanden wird die Tatsache, dass Menschen aus diversen Gründen, wie etwa dem Bestreben, kognitive Dissonanzen zu reduzieren oder Ideologien aufrecht zu erhalten (sowie aus Vergesslichkeit und Eitelkeit) dazu neigen, ihre Handlungen im Nachhinein vor sich wie auch vor anderen zu rechtfertigen. Sie tun das häufig, indem sie besagten Handlungen einen neuen Sinn zuschreiben, der von dem abweichen kann, was sie zum Zeitpunkt des Handelns wirklich gedacht und angestrebt haben.

Es ist diesbezüglich anzumerken, dass Interviewpartnern durch Verweis auf diese Tatsache ausdrücklich nicht unterstellt werden soll, dass sie bewusst lügen würden. Ein solches Misstrauen wäre völlig unangebracht. Nur ist Wahrheit eben ein subjektives Sinnkonstrukt, wie Tavris & Aronson (2010, S. 106) schreiben: „Wir lügen nicht. Wir rechtfertigen uns nur vor uns selbst. Wenn wir Geschichten erzählen, dann fügen wir dies oder jenes spannende Detail hinzu, oder wir lassen »unpassende« Elemente einfach weg. Jeder tut das. Wir geben der Geschichte eine leicht andere Färbung, sodass wir möglichst gut herauskommen. [...] Jene kleinen kosmetischen Korrekturen rechtfertigen wir damit, dass sie die Geschichte interessanter und klarer machen. Bis wir uns nicht mehr erinnern, dass das Erzählte in der Form nie geschehen ist. [...] Auf diese Weise funktionieren wir unser Gedächtnis zum persönlichen Historiker um, der aktiv unser Selbstbild poliert, statt die Ereignisse zu registrieren." Da die retrospektive Verzerrung meist unterbewusst abläuft und wir oft von unserer Geschichte überzeugt sind, kann nicht von Lügen (verstanden als intentionale Täuschungsabsicht) gesprochen werden. Das ändert allerdings nichts daran, dass diese Erkenntnis zum Anlass genommen werden muss, kritisch zu bleiben und primär die Rekonstruktion von »Handlungen«, nicht jedoch von Sinnkonstruktionen, zu fokussieren. Auch Serrat

(2017, S. 1082) verweist darauf: „Critical incidents cast a personal perspective on organizational issues. (Reports of behavior are filtered through the lens of individual perceptions, memory, honesty, and bias: for that reason, they may not be entirely accurate)." Valide Informationen über ein Ereignis lassen sich daher am ehesten gewinnen, wenn nur jene harten Fakten erfragt werden, die kaum einem persönlichen *bias* unterliegen. Das sind Fragen nach konkreten Handlungen im Gegensatz zu persönlichen Interpretationen dieser Handlungen. Zudem sollte zur Ereignisrekonstruktion auf unterschiedliche Quellen zurückgegriffen werden, um Erinnerungsverzerrungen zu vermeiden. So wäre es sinnvoll, auch Protokolle, Notizen und sonstige Schriften zu sichten, die mit Bezug auf ein zu rekonstruierendes Ereignis erstellt wurden, und die darin enthaltenen Informationen mit jenen Informationen abzugleichen, die durch Interviews erlangt wurden. Da aber die Durchführung und Auswertung von CIT-Interviews ohnehin zeitaufwändig ist, steigt der Forschungsaufwand dadurch weiter an.

Ein weiterer zu bedenkender Aspekt in der CIT-Anwendung ist die schwer zu testende Reliabilität der Forschungsergebnisse (vgl. Chell 1998, S. 70). Zwar könnten, um Reliabilität zu prüfen, die Interviewteilnehmer zweimal befragt werden, doch ist das aus Zeit- und Kostengründen oft nicht möglich. Auch stellt sich die Frage, was es tatsächlich über die Reliabilität aussagt, wenn die Ergebnisse der Erstbefragung sich beim zweiten Durchgang nicht in gleicher Form bestätigen lassen. Denn, so Mayring (2002, S. 142), „zum einen verändert sich der Gegenstand ja bereits durch den Eingriff des Forschers, durch die Messung (besonders bei der Handlungsforschung [...]). Zum anderen bleibt die Zeit ja nicht stehen. Menschen, also auch Versuchspersonen) entwickeln sich kontinuierlich, situative Bedingungen verändern sich, unterliegen dem sozialen Wandel. Auch hier sind also Zweifel angebracht." Insbesondere vor dem Hintergrund eines retrospektiven *bias* muss konstatiert werden, dass es sogar sehr wahrscheinlich ist, dass bei einer zweiten Befragung nicht völlig übereinstimmend zur Erstbefragung geantwortet wird. Nur stellt sich die Frage: Was sagt das schon aus? Vielleicht lediglich, dass die Reflexion des Ereignisses, die im ersten Interview vollzogen wurde, den

Interviewpartner veranlasst hat, sein damaliges Handeln jetzt neu zu beurteilen und demzufolge anders zu antworten. Doch macht das die in der Erstbefragung gewonnen Daten deshalb ja nicht wertlos. Ferner kann es als nachteilig angesehen werden, dass fraglich bleibt, inwieweit ein qualitatives Verfahren, in dem wenige Fälle zwar umfassend, aber eben nicht repräsentativ analysiert werden, es gestatten, generalisierbare quantifizierbare Daten zu gewinnen. Denn: „Outsiders can always insist on the 'weakness' of the data or on the results not being representative as they only reflect 'special cases'" (Hettlage & Steinlin 2006, S. 7). In diesem Zusammenhang sei auf Weick (1985, S. 54 ff.) verwiesen, der in Anlehnung an Thorngates Postulat der angemessenen Komplexität (1976) darlegt, dass solche Argumente verkennen, dass eine Theorie ohnehin niemals gleichsam allgemein, genau und einfach sein kann. Eine alles erklärende, spezifische und auch allgemeine, allen zugängliche Theorie kann es nicht geben.

Je genauer und einfacher eine Theorie ist, desto weniger lassen sich aus ihr allgemein anwendbare Implikationen ableiten. Ist die Forschung allgemein und einfach ausgerichtet, so wird es ihr immer an Genauigkeit mangeln, denn immer werden sich Fallkonstellationen finden lassen, wo die einfachallgemeine Theorie nicht zutrifft. Ist die Forschung hingegen genau und allgemein gehalten, wird darunter zwangsläufig die Einfachheit leiden. Diese Erkenntnis ist Weick zufolge aber nichts, was gegen das Postulat allgemeiner, genauer oder einfacher Theorien spricht. Es ist schlicht die Anerkennung eines Faktums. Insofern können auch die angesprochenen »special cases« die Forschung bereichern, selbst wenn sie nicht repräsentativ sind. Chell (1998, S. 69) verweist ebenfalls darauf, dass dieser Aspekt vielfach als Nachteil der CIT ausgelegt wird. Gleichwohl konstatiert sie, dass die Behauptung von qualitativ tätigen Forscher angezweifelt wird, die hervorheben, dass kleine, gut untersuchte, detailreiche Fallschilderungen viel eher als groß angelegte quantitative Untersuchungen geeignet seien, aus ihnen Erklärungen für bestimmte, fallübergreifend zu beobachtende Verhaltensweisen abzuleiten: „In management and organizational behaviour/psychology, understanding the detail of the processes and behaviours is paramount and a technique such as the CIT enables such an objective to be accomplished."

Fazit

Im Ergebnis lässt sich festhalten, dass die Critical Incident Technique eine interessante Forschungsmethode ist, die insbesondere in der qualitativen Sozialforschung wie auch im Rahmen des Qualitätsmanagements kaum mehr wegzudenken ist. Mittels der CIT lassen sich viele potenziell erkenntnisreiche Informationen gewinnen, die helfen können, Handlungsabläufe zu optimieren, Unfälle zu verhindern und so für mehr Sicherheit zu sorgen. Freilich gelingt dies nur, wenn diejenigen, die die Methode anwenden, hinreichend geschult und mit dem Kontext dessen, was sie beforschen, einigermaßen vertraut sind. Die Auswerter von CIT müssen imstande sein, die richtigen Fragen zu stellen, um Interviewte zu detailreichen Schilderungen anzuregen. Sie müssen über ein gutes Zusammenhangswissen verfügen, um erlangte Informationen zu relevantem Wissen verknüpfen und kategorisieren zu können. Nur so können sie adäquat Schlussfolgerungen aus dem so kreierten Wissen ziehen. Ohne hinreichendes Kontext-Wissen wird das kaum gelingen.

Wer die Critical Incident Technique anwenden will, sollte stets berücksichtigen, dass das durch sie gewonnene Wissen stets auf subjektiven Darlegungen und Interpretationen beruht, die bisweilen von dem abweichen können, was wirklich passiert ist. Wer sich in der Erforschung/Analyse von kritischen Ereignissen allein auf die CIT verlässt, läuft daher Gefahr, dass das aus der Auswertung der Ereignisse kreierte Wissen nur bedingt reliabel ist. Um die Reliabilität zu erhöhen, bietet es sich daher an, die CIT im Rahmen einer methodischen Triangulation zu verwenden und ggf. andere Daten (Statistiken, Reports, Audio- und Videodaten usw.), die im Kontext kritischer Ereignisse ggf. verfügbar sind, mittels anderer Verfahren auszuwerten. Der Autor dieses Textes hat selbst gute Erfahrungen mit der CIT im Rahmen einer Forschungsarbeit gemacht, in der neben der Critical Incident Technique auch die Grounded Theory und die Dokumentenanalyse zum Einsatz kamen. Im Rahmen eines solchen Methodenmixes ist die Critical Incident Technique ein nützliches Tool, dass (mit) zu nutzen sich immer dann anbietet, wenn es gilt, Beinahe-Unfälle und auch positive, besondere Vorfälle hinsichtlich ihrer Implikationen für mögliches zukünftiges Soll-Handeln zu analysieren. Summa summarum ist die Critical Incident Technique ein probates Instrument zur Beschreibung und Erfassung von *Good Practices*.[12] Die CIT eignet sich, um auf ihrer Basis Handlungsempfehlungen auszusprechen. Ihre alleinige Anwendung, ohne Berücksichtigung sonstiger Daten und Methoden im Forschungsprozess, sollte allerdings aufgrund der hohen subjektiven Komponente, die der Critical Incident Technique zu eigen ist, gut überlegt sein.

---

[12] Göbel (2003, S. 4) spricht diesbezüglich von „Best Practice". Sie erklärt auf die CIT eingehend: „Die Ergebnisse der Auswertung der Befragungsdaten sollen einer Übersicht von Problemlagen, der Entwicklung von Lösungsmöglichkeiten, Erfassung von ‚Best Practice' und im Endziel zumeist einer Förderung oder zumindest Definition von spezifischen für die Situation benötigten Kompetenzen dienen." Der Autor selbst bevorzugt es, von Good Practice zu sprechen, zumal der Ausdruck Best impliziert, dass es nicht noch besser ginge. Das aber kann mittels der CIT keineswegs sicher festgestellt werden. Wer unterschiedliche Verhaltensweise vergleicht und mit den erzielten Ergebnissen abgleicht, kann herausfinden, welche der verglichenen Handlungen am besten sind. Dass es sich dabei überhaupt um die besten Handlungsoptionen handelt, die möglich wären, ist aber keinesfalls klar. Vielleicht gibt es Handlungsmöglichkeiten, die noch effektiver und effizienter zu einem optimalen Ergebnis führen, die nur bisher nicht beobachtet wurden.

Bateson, G.: Die Kybernetik des Selbst. In: Bateson, G.: Ökologie des Geistes. Frankfurt am Main 1983, S. 400-435

Bateson, G.: Ökologie des Geistes. Frankfurt am Main 1983

Brehmer, B.: In one word: Not from experience. In: Acta Psychologica. Vol. 45, 1980

Chell, E.: Critical Incident Technique. In: Symon, G.; Cassell, C. (Hg.): Qualitative Methods and Analysis in Organizational Research. A Practical Guide. London 1998, S. 51-72

Davidson, R.A.: Source of Funding and Outcome of Clinical Trials. In: Journal of General Internal Medicine 1, May/June 1986, S. 155-158

Dievernich, F.P.: Achtung Organisation! Vorsicht Management! Berlin 2007

Dörner, D.: Die Logik des Misslingens. Hamburg 2003

Fagin, D.; Lavelle, M.: Toxic Deception: How the Chemical Industry Manipulates Science, Bends the Law, and Endangers Your Health. Secaucus, NJ 1996

Fischhoff, B.: For those condemned to study the past: Reflections on historical judgement. In: Shweder, R.A.; Fiske, D.W. (Hg.): New Directions for Methodology of Behavioral Science. San Fransisco, CA, 1980, S. 79-93

Fisher, W. R.: Human communication as narration: Toward a philosophy of reason, value and action. Columbia, SC 1987

Flanagan, J. C.: The critical incident technique. In: Psychological Bulletin. 51 (4), 1954, S. 327-357

Gerhards, S.; Trauner, B.: Wissensmanagement: 7 Bausteine für die Umsetzung in der Praxis. München 2007

Göbel, K.: Critical Incidents - aus schwierigen Situationen lernen. Vortrag bei der Fachtagung Lernnetzwerk Bürgerkompetenz. 17/18.12.2003 in Bad Honnef. Abrufbar unter: https://www.dipf.de/ de/forschung/aktuelle-projekte/pdf/biqua/critical-incidents-aus-schwierigen-situationen-lernen (Stand: 20.04.2020)

Gwenn Hiller, G.: Der Einsatz der „Erweiterten Critical-Incident-Analyse" in der kulturkontrastiven Forschung. In: Forum: Qualitative Sozialforschung. Volume 10, No. 1, Art. 45. Januar 2009. Abrufbar unter: http://www.qualitative-research.net/index.php/fqs/article/view/1249/2703 (Stand: 20.04.2020)

Hettlage, R.; Steinlin, M.: The Critical Incident Technique in Knowledge Management Related Contexts. Working paper. Zürich 2006. Abrufbar unter: _http://www.click4it .org/images/6/68/Critical_IncidentTechnique_in_KM.pdf (Stand: 14.07.2011)

Kabat-Zinn, J.: Im Alltag Ruhe finden. Frankfurt am Main 2007

Kirk, J.; Miller, M. L.: Reliability and validity in qualitative research. Beverly Hills, CA 1986

Kjaergard, L. L.; Als-Nielsen, B.: Association between competing interests and author's conclusion. In: British Medical Journal 325, August 3th 2002, S. 249-252

Langer, E. J.; Roth, J.: Heads I win, tails it's chance: The illusion of control as a function of the sequence of outcomes in a purely chance task. In: Journal of Personality and Social Psychology 34, 1975, S. 191-198

Langer, E. J.: Mindfulness. Cambridge, MA 1989

Luhmann, N.: Organisation und Entscheidung. Wiesbaden 2006

March, J. G.: A Primer on Decision Making. How Decisions Happen. New York, NY 1994

March, J. G.; Levinthal, D. A.: The Myopia of Learning. In: March, J.G.: The Pursuit of Organizational Intelligence. Malden, MA 1999

Mayring, P.: Einführung in die qualitative Sozialforschung. Weinheim und Basel 2002

Nickerson, R. S.: Confirmation Bias: A Ubiquitous Phenomenon in Many Guises. In: Review of General Psychology 2, 1998, S. 175-220

Nietzsche, F.: Werke III - Jenseits von Gut und Böse. Frankfurt am Main 1969

Nixdorf, C. P.: Gekonnte Beliebigkeit – Möglichkeiten und Herausforderungen des professionellen Han-delns in der Schulsozialarbeit (Studien zur Berufs- und Professionsforschung). Hamburg 2015

Nonaka, I.: The Knowledge-Creating Company. In: Harvard Business Review (Hg.): Harvard Business Review On Knowledge Management. Boston, MA 1998, S. 21-45

Nyquist, J. D.; Bitner, M. J.; Booms, B. H.: Identifying communication difficulties in the service encounter: A critical incidents approach. In: Czepiel, J.; Solomon, M.; Suprenant, C. (Hg.): The service encounter: Managing employee-customer interaction in service businesses. Lexington, MA 1985, S. 195-212

Perrow, C.: Normal Accidents: Living with High-Risk Technologies. New York 1984

Polanyi, M.: The Tacit Dimension. Gloucester, MA 1983

Query, J. L., Jr.; Kreps, G. L.: Using the critical incident method to evaluate and enhance organizational effectiveness. In: Fish, S. L.; Kreps, G. L. Kreps (Hg.): Qualitative research. Applications in organizational communication. Cresskill, NJ 1993, S. 63-77

Reuschenbach, B.: Einfluss von Expertise auf Problemlösen und Planen im komplexen Handlungsfeld Pflege. Berlin 2008

Reuschenbach, B.: Grundlagen der Critical Incident Technique. 08/2000. Abrufbar unter: http://www. pflegewissenschaft.org/cit_methode.pdf (Stand: 14.07.2011)

Rochlin, G. I.; La Porte, T. R.; Roberts K.H.: The Self-Designing High-Reliability Organization: Aircraft Carrier Flight Operations at Sea. In: Naval War College Review. Volume 40, Nr. 4 1987, S. 76-90

Simon, F. B.: Einführung in die systemische Organisationstheorie. Heidelberg 2007

Stauss, B.: Using the Critical Incident Technique in Measuring and Managing Service Quality. In: Scheuing, E. E.; Christopher, W. F. (Hg.): The Service Quality Handbook. New York 1993, S. 408-427.

Serrat, O.: The Critical Incident Technique. (ohne Ortsangabe) 2017. Abrufbar unter: https://www.researchgate.net/publication/318019345_The_Critical_Incident_Technique (20.04.2020)

Tavris, C.; Aronson, E.: Ich habe recht, auch wenn ich mich irre. München 2010

Thorngate, W.: »In general« vs. »it depends«: Some comments on the Gergen-Schlenker debate. In: Personality and Social Psychology Bulletin 2, S. 404-410 zit. in Weick, K. E.: Der Prozeß des Organisierens. Frankfurt am Main 1985, S, 54-64

Wason, P. C.: On the failure to eliminate hypotheses in a conceptual task. In: Quarterly Journal of Experimental Psychology. Psychology Press 12 (3). 1960, S. 129-140.

Watzlawick, P.: Wie wirklich ist die Wirklichkeit? München 1976

Weick, K. E.: Der Prozeß des Organisierens. Frankfurt am Main 1985

Weick, K. E.; Sutcliffe, K. M.: Managing the Unexpected. Resilient Performance in an Age of Uncertainty. San Francisco, CA 2007

Weick, K. E.; Putnam, T.: Organizing for Mindfulness: Eastern Wisdom and Western Knowledge. In: Journal of Management Inquiry, Vol. 15, No. 3, 2006, pp. 275-287

Wetzel, R.; Aderhold, J.: Klassiker der Organisationsforschung: Zappen durch 100 Jahre organisationstheoretisches Denken von Weber bis Weick. In: Wimmer, R.; Meissner, J.O.; Wolf, P. (Hg.): Praktische Organisationswissenschaft. Lehrbuch für Studium und Beruf. Heidelberg 2009, S. 58-79

Wolff, S.: Sozialwissenschaftliche Grundlagen des Organisierens. (Unveröffentlichter Grundlagentext). Institut für Sozial- und Organisationspädagogik der Universität Hildesheim. o. J.

Combined Arms Center - Training (CAC-T): The Leader's Guide to After-Action Reviews (AAR). Fort Leavenworth 2013. Abrufbar unter: http://pinnacle-leaders.com/wp-content/uploads/2018/02/Leaders_Guide_ to_AAR.pdf (20.04.2020)

Senge, K.; Dombrowski, S.: Das Management von Unsicherheit in Organisationen: Können Organisationen im Umgang mit Unsicherheit von den Erkenntnissen der High Reliability Theory lernen? In: Apelt, M.; Senge, K. (Hg.): Organisation und Unsicherheit. Wiesbaden 2015, S. 87-102

Über den Autor

Dr. Christian Philipp Nixdorf ist Organisationspädagoge. Er hat sich in einer Feldforschung zur Handlungskompetenz im Sozialwesen näher mit der CIT befasst. Bei Anmerkungen, Fragen oder auch Kritik ist er erreichbar per E-Mail unter PhilippNixdorf@outlook.de

© 2020
Herstellung und Verlag: BoD – Books on Demand, Norderstedt
ISBN: 9783751929646